अनाम

अनाम

इक ख़ुदा मेरा भी...

Based on true story

मीनू कौर

White Falcon Publishing

अनामं
मीनू कौर

Published by White Falcon Publishing
Chandigarh, India

All rights reserved
First Edition, 2024
© मीनू कौर, 2024
Cover design by White Falcon Publishing, 2024
Cover image source freepik.com

The contents of this book have been certified and timestamped
on the Gnosis blockchain as a permanent proof of existence.
Scan the QR code or visit the URL given on the back cover
to verify the blockchain certification for this book.

The views expressed in this work are solely those of the author
and do not reflect the views of the publisher, and the publisher
hereby disclaims any responsibility for them.

Requests for permission should be addressed to the publisher.

ISBN - 979-8-89222-273-0

A writer by chance

मिड्डुआ तेरे रंग
चढ़दी कला संग

शुक्रगुज़ार हूँ

जिसने भी मुझे, जिस रूप मे, जो भी दिया, आभारी हूँ।
आपके द्वारा दिए गए लम्हों ने ज़िन्दगी में उतार चढ़ाऊँ दिए,
जिनकी वज़ह से इस जीवन का सार जान पायी।

हर लम्हे, हर जीव, हर रूह की आभारी हूँ।

आज 5 मार्च 2024 को सद्गुरु की किताब पढ़ते पढ़ते ये ख़्याल आया कि शायद अब वह समय आ गया है जब मुझे दूसरी किताब को रूप देना है।

जब मेरी पहली किताब आई तो भी, मैं नहीं थी और जब मैं यह लिख रही हूं तो भी मैं नहीं हूँ।

19 फरवरी सुबह करीब 11.30 बजे मेरा एक्सीडेंट हुआ और एक्सीडेंट ऐसा था कि मुझे बचना नहीं चाहिए था। एक्सीडेंट के बाद जब मैं थोड़ा होश में आई तो मैंने अपने आप को आलथी पालथी मारे हुए सड़क पर पाया। आँखें खुली हुई थी, कान खुले हुए थे पर मैं न कुछ देख पा रही थी और न सुन पा रही थी। जब हल्का होश आया तो लगा कोई मुझे उठाने की कोशिश कर रहा है। दो लोगों ने मुझे खड़ा किया और किसी तरह मुझे चला कर एक जगह बिठा दिया। शरीर इस दशा में नहीं था की बैठ पाती मुझे किसी गाड़ी में लिटा कर अस्पताल पहुँचा दिया गया। मेरी सहेली मेरे साथ थी। डॉक्टर ने 3-4 महीने का आराम बता दिया। लेटे रहना और कोई काम नहीं करना।

ताज्जुब यह हो रहा था कि मुझे खुद को लग रहा था कि मैं बिल्कुल ठीक हूँ पर डॉक्टर के हिसाब से मेरी टेलबोन हल्की टेढ़ी थी। पर अब आराम तो करना ही था। मेरी सहेली 'विद्या' ने मुझे बताया कि जब मैं होश में नहीं थी तब उसने मुझ पर पानी डाला था। सच मानिये मुझे एहसास ही नहीं हुआ। फिर लगा क्या इंसान जीते जी मर सकता है। खैर, पता नहीं।

एक्सीडेंट के एक दिन बाद ही मुझे महसूस होने लगा कि जो एक्सीडेंट हुआ उसकी कोई वज़ह है। शायद मेरे लिए कोई काम ईश्वर की तरफ़ से मुक़र्रर किया गया है। ऐसा इसलिए लगा क्योंकि मैं अपना सारा काम खुद कर रही थी बस घर के और बाहर के काम छोड़े हुए थे। मै पिछले एक साल से लान टेनिस खेल रही थी और सोच रही थी अप्रैल 2024 में अपना पहला मैच खेलूंगी। बहुत अच्छा लग रहा था लेकिन होनी को कुछ और मंजूर था। एक्सीडेंट के बाद सब माहौल बदल गया। अब लगने लगा कुछ तो और होना है, इन चार महीनों में।

आज एक्सीडेंट के पंद्रहवे दिन सद्गुरु की 'inner engineering' किताब पढ़ते हुए मुझे मेरे सवाल का जवाब मिल गया ।

फिर इक नई किताब को रूप देना था और इस बार मसला था मेरी जिन्दगी से जुड़े अनुभवों का, जिनको शायद मैं कभी दुनिया के सामने नहीं लाना चाहती थी।

पर जब हुक्म ऊपर वाले से हो तो चीजें खुदबखुद हो जातीं हैं। मेरा किसी भी किताब का कोई सपना नहीं था, पर शायद ये सब पहले से तय था।

चलिए आज रूबरू होते हैं ईश्वर के करामातों से.......

पता नहीं मैं इंसान हूँ, रूह हूँ, वायु हूँ, पागल हूँ या दुनिया के हिसाब से अवसाद में हूँ।

मेरा जन्म सतना (मध्य प्रदेश) में हुआ। ऐसा मुझे हमेशा बताया गया कि जब मै पैदा हुई तो हम धन धान्य से भरपूर थे। पर जब में 7-8 साल की हुई तो हम धन धान्य से कम हो गए।

रंग मेरा सांवला था देखने में भी दुनिया के हिसाब से मैं ठीक ठाक ही थी, क्योंकि दुनिया जिस तरीके से खूबसूरती बयां करती है। मैं वैसी नहीं थी। कभी कभी कुछ लोग मुंह पर भी रंग को लेकर बोल देते थे पर मैं बचपन से ही थोड़ी बेपरवाह थी। इसलिए लोगो की बातों ने बहुत ज्यादा असर नहीं डाला।

पढ़ाई में मैं ठीक थी लेकिन कभी पसंद नहीं आयी। बस लिखना पढ़ना था तो लिख पढ़ लिया। खेलना पसंद था, कंचे,

गुल्ली डंडा, साइकिल का टायर चलाना, पेड़ों पर चढ़ना, दीवार कूदना ऐसे खेल पसंद थे।

जैसे ही थोड़ा होश सम्भाला, तो बताया गया कि ये एक ईश्वर की दुनिया है। यहां का राजा भगवान है जिसको हमें पूजना है। पूजने से हमें हीरे जवाहरात, सुख, खुशियाँ सब मिलेंगी और नही पूजेंगे तो हमें दुःख मिलेगा। नर्क मिलेगा, आग में जलाए जाएंगे और न जाने क्या क्या।

जिस उम्र में बच्चे को सिर्फ़ अपने मन का करने में खुशी मिलती हो, जो अपने दोस्तों के साथ खेल के खुशी हासिल कर लेते हैं, और रात को थक कर सो जाते हों। उन्हें क्या पता खुशी, सुख क्या। वह तो अपने माता पिता के पास सुखी हैं।

पर दुनिया की कवायद, ईश्वर के नाम पर इतना डरा दिया जाता है कि अपने माँ बाप को भूल कर वह न दिखाई देने वाले ईश्वर के लिए जिंदगी अर्पण कर देता है।

इसी कवायद ने मुझे भी अच्छा खासा डराया। बस लगी पूजा पाठ करने और कुछ कुछ माँगने। कुछ पूरा हो न हो पर माँगना ज़रूरी था। ये दुनिया की रस्में थी। बस फिर इक चाह हो गई कि, ईश्वर से मिलना है। किस तरीके मिलेगा अपने बाल-मन में सपने देखती।

पढ़ाई के दौरान जो मुझे एक कहानी से सीख मिली थी वो भी तीसरी कक्षा में, कभी किसी का दिल दुखाने वाली बात न करें। पूरी पढ़ाई में मैने सिर्फ़ एक बात सीखी। इंसान हूँ गलती हो जाती है पर कोशिश आज भी रहती है कभी किसी का दिल न दुखाऊं।

बचपन में एक डर ईश्वर का सदा के लिए मन में बैठ गया। और मै भिखारी और लालची बन गई। बस अब हर वक्त मांगना था। सच तो य़ह था कि मन कभी जुड़ा ही नहीं बस खाना पूर्ति होती रही। दुनिया मेरा नकली पूजा पाठ देख के खुश रहती।

समय आया और फिर शादी हो गई। जिनसे शादी हुई, ईश्वर के प्रति उनका हिसाब अलग था। पूजा पाठ कम ही था, पर आस्था बेहिसाब। उनका कहना था मन पवित्र है तो वहीं ईश्वर का वास है। कभी किसी का न बुरा सोचो, न करो, यही कहते थे। खैर, सबकी अपनी अपनी सोच थी। मैंने कभी कुछ कहा नहीं, पर कब मैं उनके रंग, रंग गई खबर न हुई।

शादी को एक साल भी नहीं हुआ और वक़्त ने करवट ले ली और मेरे पिछले जनमों का खाता खुल गया, और किए हुए कर्मों ने हिसाब लेना शुरु कर दिया। धीरे-धीरे मैं दुःखों में घिर गई। वजहें बहुत थी। मैं परेशान, और मेरे इर्द-गिर्द सब लोग

परेशान। कोई कहता डाक्टर को दिखाओ, कोई कहता आत्मा का वास है कोई कुछ तो कोई कुछ। मैं शारीरिक और मानसिक रूप से बीमार हो गई थी। मुझे कोई होश न था बस दुनिया स्वप लगने लगी।

दवाईयों और दुआउँ ने कभी मेरा साथ न छोड़ा। इसी दौरान मेरे यहां दो रूहों ने बेटियों के रूप मे जन्म लिया। जिनको मै कभी सही ढंग से पाल ही नहीं पायी क्योंकि मै बीमार ही रहती थी। उनका पालन पोषण मेरे पति और सास ने किया। कहते है न उस शक्ति का काम ही है करतब दिखाना।

हम लोगों ने जानवरों को कभी प्यार नहीं दिया था। ज़्यादा से ज़्यादा सुखी रोटी डाल देते थे। बचपन से ही जानवरों से दूर रहना सिखाया गया। बताया गया कि पास जाएंगे तो काट लेगा। लेकिन बेटियों ने हमें हरा दिया। थोड़ा जिद्दी होने के कारण उन्होंने जानवर के मामले में हमारी एक न सुनी। जानवर को प्यार करना, खाना अच्छे से खिलाना हम बड़ो को सिखाया। आज मैं उनकी शुक्रगुज़ार हूँ उन्होंने हमें ईश्वर का ये रूप भी दिखाया।

समय बीतता रहा, एक दिन मैं शीशे के सामने खड़ी थी, और मुझे लगा ये मै नहीं हूँ। मैं इस शरीर के अंदर से देख तो

रहीं हूँ पर ये शरीर मेरा नही है। मुझे ये शरीर भी पसंद नही। इसकी सूरत वो नहीं है जैसी मुझे पसंद है। मैंने अपने पति से यह बात कही, उन्होंने कुछ न कहा, बड़े प्यार से मेरी सारी बात सुनी और बोले कोई बात नहीं। सब ठीक हो जाएगा। पर मुझे पता था कि मैं दुनिया के हिसाब से अवसाद में थी और एक ही इलाज था नींद की गोलियां, खाते रहो, सोते रहो।

मेरी रूचि थोड़ा कम और
पिछले जन्मों में भी थी।

इसी के चलते मेरी बेटी ने मुझ पिछले जन्म पर आधारित एक किताब लाकर दी। उसको पढ़ने के बाद मुझे कुछ तो अलग लगा। ऐसा लगा कुछ तो है जो मुझसे मिलता है इस किताब का।

मैंने फिर ध्यान में बैठना शुरु किया। लग्न कम थी पर बैठ ही जाती थी। एक दिन ध्यान में बैठी तो एकदम से लगा कोई पीछे आ गया है। मै एकदम से डर गई और पीछे मुड़ने की भी हिम्मत न हुई। बड़ी हिम्मत कर के पलटी तो वहां कोई न था, लेकिन वो मेरे अंदर एक डर छोड़ गया। मै भाग कर कमरे में आयी तो सब लोग पूछने लगे तुम्हारा चेहरा इतना डरा हुआ क्यों है। मैंने उनको बताया कि पहली बार शायद में किसी अदृश्य शक्ति महसूस कर पायी। फिर मैने ध्यान कम कर दिया। वैसे भी मुझे भूत प्रेत की बातें सुनकर डर लगता था। अकेले घर में ही दूसरे

कमरे में जाने में डर लगता था। हमेशा लगता कोई मेरा पीछा कर रहा है

किताब जो मैंने पढ़ी, उसके हिसाब से आत्मायें हमारे चारों ओर ही रहती हैं और हमें सुन सकतीं हैं। पता नहीं मेरे मन में क्या आया कि उस किताब को पढ़ने के बाद, एक दिन ऐसे ही मैंने मन ही मन आत्माओं से कहा, मुझे आप लोगों से डर लगता है, मैं आपको नहीं देख सकती, मैंने जो पढ़ा है, उसके हिसाब से आप मेरे पास हो, मैंने आपके साथ कभी भी कुछ भी गलत किया हो किसी जन्म में तो मुझे माफ़ कर दीजिए, मैं सच में दिल से माफी चाहती हूँ।

पढ़ने वाले ये विश्वास नहीं कर पायेंगे, लेकिन चमत्कार हुआ। मेरा जो ज़्यादा डर था, वो ख़त्म हुआ। पूरा तो नहीं कहेंगे पर पहले से स्तिथि बेहतर हुई। अकेला होने का भी डर ख़त्म हो गया। मैं आत्मा को एक अच्छे रूप मे जान पायी। लेकिन मेरी पूजा पाठ सब छूट चुके थे और, मैं और ग्लानि से भरने लगी कि मुझसे पाप हो रहा है। मैं ईश्वर को पूज नहीं पा रही। हताश हो गई।

कहते हैं न ईश्वर ने जब आपको कोई रास्ता दिखाना हो तो जरिए बना ही देता है। इसी दौरान मेरी मुलाकात 'सोमा' से हुई

वह मेडिटेशन करती थी। मैंने उससे कहा कि मुझे भी करना है तो वह बोली आप जब चाहो आ जाओ। मैं उसके पास गई। दूसरे दिन मैं जा न सकी। फिर जब मैं गई, मेडिटेशन के बाद, मैंने कहा कि मैं आ नहीं पायी।

फिर जो बातें 'सोमा' ने कहीं, उन्होंने मेरे कई जन्मों का बोझ हल्का कर दिया। उसने कहा कोई बात नहीं, जब हो पाए तब करिए, लेकिन न हो पाने का दुःख न करिए। जब मन हो तब करिए। हमें दुःख नहीं करना है। ईश्वर हमसे कभी नाराज़ नहीं होता। पहली बार किसी से सुना कि ईश्वर नाराज नहीं होता। बात सुनकर कर मुझे लगा जैसे मैंने कुछ पा लिया हो। पूजा पाठ जो मुझसे नहीं हो पा रहा था, जिसने मै ग्लानि में भर्ती जा रही थी, एकदम से हल्का हो गया।

फिर हुआ यूँ कि मेरा पूजा पाठ धीरे धीरे कम हो गया। जब मन होता किसी भी समय उसे याद करती लेकिन पूजा के लिए अब बैठती नहीं थी। पूजा पाठ ने जगह ले ली सेवा की, भले की।

हम जहां रहते हैं वहाँ श्वान हैं, उनको खाना पानी देना उनका ध्यान रखना, चिड़ियों को दाना डालना सब शुरू हो गया। ये कब होता गया पता ही न चला। ये सब जिंदगी का एक हिस्सा बन गया।

लेकिन मै स्वप्ना में जीती रही और अपने आप को शरीर से अलग मानती रही। दुनिया मुझे अवसाद में मानती रही। मुझे लगता था मुझे आज़ाद होना है, कुछ घुटन सी थी। किसी काम में, किसी रिश्ते में मन नहीं लगता था। बात तो सबसे करती पर अंदर खोखला था। बेचैनी, जिसकी वज़ह पता नहीं। मन कहीं ठहरता नहीं था। अगर कोई चीज जिसमें मन हमेशा रमा रहा, वो था संगीत। वह मैं घंटों तक सुन सकती थी। बहुत सुकून मिलता था।

तबीयत मेरी ज़्यादा ख़राब रहने लगी डॉक्टर की दवाईयां कुछ काम नहीं आ रही थीं, तो सोचा कि past life regression कर के देखूँ, हो सकता है कोई हल मिल जाये। जब किया तो बस एक नाम मेरे हाथ लगा, 'मिडुआ', जो कभी बुद्ध का अनुयायी था। उसको अपनी ही खोज थी, वह कौन है बस। इस नाम के मिलते ही एक नई शुरुआत हुई जिंदगी की, मैंने कुछ टूटा फूटा सा लिखना शुरु किया। कुछ शायरियां शुरू हुई। लेकिन सब कच्चा कच्चा सा था, उपरी उपरी, गहराई न थी। मेरे पति भी मुझसे कहते तुम लिखा करो, मै साथ दूँगा, पर तबीयत की वज़ह से कुछ अच्छे से न हो पाया। सब ऐसे ही चलता रहा।

फिर जिन्दगी में एक नया मोड़ आया 'करोना' का, जिसने भगवान की दुनिया का पासा पलट दिया। ये इंसानो की दुनिया

हो गई। सब धार्मिक स्थलों पर ताले लग गए। पूजा पाठ सब बंद हो गया। जिनकी जिंदगी पूजा पाठ के बिना नहीं चलती थी, वो आज सब भूल चुके थे और ध्यान रह गई इक बात कि जान कैसे बचाई जाए। जिस भगवानों को पूजते रहे, उसने किवाड़ बंद कर लिए, दुनिया के बनाए घरो में ईश्वर ने अपने को कैद कर लिया।

पूरी दुनिया इंसान के हाथ हो गई। एक दूसरे को नोच डाला। इंसान ही इंसान को खा गए। सब कुछ रुक गया, रोज कई हज़ार सांसे रुक जाती। बस एक दौड़ थी जिसमें पवन की, वो थी आक्सीजन। जो आक्सीजन हमें ईश्वर ने मुफ़्त दे रखी थी, उसका मालिक इंसान बन बैठा।

श्मशानों का मंजर बदला, दाह संस्कार के नियम बदले।

दिन रात का खेल ख़त्म हो गया। चौबीसों घंटे लाशें जली। जिन दाह संस्कारों के इंसान ने हजारों नियम बनाए थे। इस समय सब नियम, ईश्वर की भेंट चढ़ गए। बहुत कायदे से ईश्वर ने इंसानों को खाक कर दिया। महिलाएँ ने, बच्चों ने दिन रात, किसी भी वक़्त अपने लोगों को अग्नि दी।

इसी दौर से मैं भी गुजरी। मेरे पति अस्पताल में भर्ती हुए, और जिन ईश्वर की रूहों ने मेरा साथ दिया, उनको मै बहुत अच्छे से नहीं जानती थी। लेकिन उनकी सहायता की लगन देख के पहली बार मैंने मन से झुकना सीखा। वैसे मै थोड़ी गुस्से वाले स्वभाव की थी। सेवा भाव, भला भाव था पर झुकने वाला स्वभाव न था। लेकिन वो पंद्रह दिन में, पहली

बार जिंदगी का रूप अलग हुआ। कई लोगों के सामने हाथ जोड़े, मिन्नतें की।

रूहों से मिली सहायता से भी मेरे पति बच नहीं पाए। रात करीब 10-11 बजे मैने उनका दाह संस्कार किया। इतनी भी हिम्मत नहीं थी कि पति को घर ला पाती, अस्पताल से सीधा श्मशान घाट। रोने का तो ख़याल क्या, लग रहा था इक मशीन जैसे सब कर रही हूँ। छुआ छूत का इतना भयानक खेल। कई लाशों के दाह संस्कार नहीं हुए। क्या, उन्हें मुक्ति नहीं मिली होगी?

मेरी रूह हिल के रह गई। इतनी मजबूरी, इतना असहाय, इतना मशीन सा हो जाना, सब बर्दाश्त के बाहर। लेकिन कुछ नहीं कर सकते थे।

पति की मौत के बाद मेरा दुनिया में मन न लगे। मैंने सबसे बात करना बंद कर दिया, मिलना बंद कर दिया। बस अपने में ही गुम हो गई। मेरी एक सहेली 'नीलम' हमेशा मेरे साथ एक परछाईं के के जैसी रहीं। मेरे घर के, बाहर के कामों का उन्होंने ख़याल रखा। और आज भी मेरा साथ दे रहीं हैं।

इंसानी फितरत है कि जब किसी की मृत्यु होती है तो रोना आता है। चाहते न चाहते हम रो देते हैं। पर मेरी आंखों ने मेरा

साथ न दिया। जितना में चीख चीख कर रोना चाहती थी, उतना ही गहरा मै शांत हो गई। जो भी मेरा रोना था, चीखना था उसने शब्दों का रूप ले लिया।

मेरे जितने भी काम थे बिना किसी से कुछ कहे हो रहे थे। ईश्वर की रूहें लगातार मेरा दुनियावी कामों में मेरा साथ दे रहीं थीं और मै दिन प्रतिदिन नतमस्तक हो रही थी। उनकी राहों में झुकने का भाव इतना प्रबल था कि शायद पहली बार समझ आया झुकना क्या होता है और फिर लिखने का काम शुरू हो गया। मेरे लिखने की प्रक्रिया ने तेजी पकड़ी, और लिखावट में हल्की गहराई आयी।

थोड़ा समय बीता एक और वाक्या हो गया। जिन श्वानों की हम देख रेख करते थे, एक दिन उसमें से एक श्वान जिसका नाम 'स्मोकी' था घर आई, उसकी तबीयत ठीक नहीं थी। छुआ तो पाया उसे बुखार है। मैंने आज तक किसी भी श्वान को साथ नहीं सुलाया था। पहली बार पता नहीं क्यों उसको मैंने साथ सुलाया और ईश्वर से प्रार्थना की, कि इसका दुःख मुझे दे दे, मै तो इंसान हूँ दवाई खा के ठीक हो जाऊँगी पर ये कैसे ठीक होगी। फिर मै सो गई। शायद होनी कुछ और थी।

सुबह जब उठी, श्वान की तबीयत का तो पता नहीं पर मेरे अन्दर जो दुःख ने पैठ बनाई थी वह ख़त्म था। मन हल्का लग

रहा था। मुझे कुछ समझ नहीं आया। काफी महीनों बाद कुछ होश सा लगा था।

दो चार दिन बाद जब ध्यान गया तो पाया श्वान स्मोकी मेरा दुःख अपने में ले चुकी थी। पहले वह सबसे झगड़ती, किसी को खाने नहीं देती थी। वह अब मायूस हो गई थी। एक किनारे अपने में रहती। न खेलती, न खाने के लिए लड़ती। लेकिन मेरी तरफ़ बड़ी आस और प्यार से देखती। कुछ अलग सा लगाव महसूस होता। पहली बार जीवन में इन जीवों को महसूस किया। यह कैसे हमें अपना बना लेते हैं। हम दोनों में एक रिश्ता सा बंध गया।

इन्हीं सब भावों से गुज़रते हुए मैंने महसूस किया इंसानों से ज़्यादा करीब रूहें होती हैं। कुछ को मैने बहुत करीब महसूस किया। और इन्ही की वजह से लिखने का सिलसिला बढ़ता रहा। पहली बार ऐसा लगा कि ईश्वर तो वैसा है ही नहीं, जैसा मुझे बचपन से बताया गया। यह तो इक भाव है, वह भाव जो मुझे एक श्वान से, कुछ रूहों से मिला। मै दिन रात इनका धन्यवाद करती। ईश्वर तो भाव है, भाव जो निश्छल है, और मुझमें हर वक़्त एक भाव निहित हो गया, जिसने मुझे पल पल उस राह में उतारा, जहां कोई इमारत नहीं थी, और जो दिखाई दिया, वह खुली आँखों से न दिखने वाला प्रेम था, निश्छल प्रेम।

बस फिर क्या था, मै उस भाव से अलग नहीं हो पायी और लगातार डूबती गई। कभी रोती, कभी शिकायत भी होती अकेला होने पर, लेकिन फिर कोई था जो मुझे सम्भाले हुए था। कई साल अवसाद में रहने के बाद अकेला होना मेरे लिए मृत्यु का आमंत्रण था। किसी ने तो मेरा साथ दिया। बस बैठे रहना और खोए रहना, यही रह गया था।

कुछ महीने हुए थे लिखते हुए, एक दिन सोशल मीडिया पर मैने किसी को अपनी किताब पब्लिश करते हुए देखा। मेरा कोई इरादा नहीं था किताब लिखने का, पर ऐसा लगा कोई चाहता है, मैं लिखूं। फिर कदम उस तरफ़ बढ़ गए और उसको रूप देने का काम शुरु हो गया।

इसी बीच एक और होनी हो गई। मेरी शादी की पहली सालगिरह जिसमें मैं अकेली थी। सुबह करीब 4.30 बजे मेरी नींद खुलती हैं और आंखों से अश्रुधारा निकल पड़ती है। मैं कुछ समझ पाती, एकदम महसूस हुआ कि शायद मेरे पति मुझे सालगिरह की मुबारकबाद दे रहें हैं, और वह मेरे अकेले होने से दुःखी है। पहली बार उनके आँसु मेरी आखों से निकले। मैं अच्छे से समझ पा रही थी कि आँसु मेरे नहीं हैं।

इतने महीनों में पहली बार मै अपने पति की रूह महसूस कर पायी। कभी ये सब सपने में भी नहीं सोचा था। एक तरफ थोड़ी खुशी थी महसूस करने की और दूसरी तरफ़ दुःख था उनके लिए आंख रो तो सकती हूँ पर देख नहीं सकती।

सब मुझसे यही कहते कि जो दुनिया से चले जाते हैं, उनकी रूह हमारे पास रहती है। बात सच हो गई थी, मैं इन सब से गुज़र रही थी।

फिर आयी मेरी पहली किताब 'मिडुआ' मेरे पति की पुण्यतिथि पर। अब समझ आ गया था कि यह सब उनकी ही देन है। वह चाहते थे मै लेखक बनूँ और मै बन गई। हर पल शुक्रगुजारी थी।

मेरे लिए हर पल आश्चर्य था। लोगों की नज़र में, मै बहुत कुछ कर रही थी, और अपने को बहुत अच्छे से सम्भाला हुआ था। पर सच्चाई यह थी कि पति के जाने के बाद मै खुद को सम्भाल ही नहीं पायी। जिंदगी जिधर ले जा रही थी, मैं सिर झुकाए जा रही थी।

इसके बाद जो अभी तक मेरे साथ थे, उनका साथ छूटा। शायद अब कोई और नया रास्ता आना था। मै अपने ही गम में

रही, और हालत खराब हो रही थी। अचानक वक़्त ने करवट ली और मेरी बातचीत उनसे शुरू हो गई, जिनसे मैं मिली हुई थी, बात भी हुई थी पर बस औपचारिक तरीके से।

यह थी 'रितु' जी, जो एक रेकी ग्रैंड मास्टर, ग्रेट हीलर और आध्यात्मिक यात्रा में थी। सच माने तो मेरा इस विद्या पर बहुत ज़्यादा विश्वास नहीं था। लेकिन मेरे लिए एक ऐसी विद्या थी जिसका कोई नुकसान भी नहीं था। मैंने उन्हें अपने बारे में बताया और हील करने के लिए कहा। मेरा पहला अनुभव था इसको लेकर। ताज्जुब था कि मैं कुछ होश में आ रही थी। मैं धीरे धीरे ठीक होने लगी। फिर मैं लगातार उनसे किसी न किसी तरह अपना इलाज करवाती रही और बाद में मुझे पता चला कि वह कई विद्याओं में निपुण थी। मैंने उनसे फिर अपने लिए विद्या सीखी। ये हरदम मेरे साथ रहीं और मुझे ज़रा सी भी दिक्कत होती तो मैं इनसे बात कर लेती। मेरा जो एक्सीडेंट हुआ था, और डाक्टर मुझे डरा रहे थे, इनकी हीलिंग से वह डर और दर्द दोनों ख़त्म हो गए। कहते हैं न इंसान एक बार धोखा कर सकता है लेकिन रूहें कभी नहीं। मेरा और रितु जी का कुछ ऐसा ही साथ हो गया। वह ऐसी रूह थी जो मुझे हर तरीके से ठीक कर रहीं थी। एक रूह दूसरी रूह के साथ तब तक रहती है जब तक उसका शारीरिक और मानसिक कष्ट दूर न हो।

रितु जी के साथ आगे बढ़े तो पाया कुछ और चमत्कार मेरे इन्तेज़ार में था। वह था गीत संगीत। अब बारी थी गीत संगीत में उतरने की। संगीत जो हमेशा मेरी रूहानी खुराक रही। कैसा भी वक़्त रहा जिंदगी में संगीत के साथ मैं जुड़ी रही। जो मेरी रूहानी खुराक थी शायद अब वह मुझे अपने में समेटने वाली थी।

इस फील्ड में, मैं बिल्कुल नयी थी दूर दूर तक मेरे परिवार में इस रास्ते पर कोई न था। सच मानिये तो मेरा इस फील्ड पर विश्वास भी न था लेकिन बात फिर वही, जो होना है वह हो जाएगा। बस मेरे साथ वही हो रहा था। मेरे जानने वाले में एक ने संगीत सीखा था तो उनसे बात हुई।

मेरा पहला गीत आया, मेरी शादी की दूसरी अकेली सालगिरह पर। मै बहुत अच्छे से समझ पा रही थी कि यह सब उनका ही दिया है वर्ना मेरे पास इतनी बुद्धी कहाँ। धीरे धीरे मेरे 4-5 गाने आ गए। इसके बाद मेरा इन संगीतकारों से साथ छूट गया

शायद इनका इतना ही साथ था। फ़िर मैंने कई लोगों से फोन पर बात की, लेकिन कभी मेरे लिखे को और कभी पैसे को लेकर काम न बना। मेरे पास बहुत ज़्यादा कुछ लिखा हुआ भी न था, पर यह सोच रही थी जो लिखा हुआ है बस उतना काम

कर लूं। उसके बाद उपरवाला जाने। जितना मुझे काम सौंपा गया है उतना कर लूं।

फिर मैंने ऑनलाइन एक नंबर खोज निकाला। मेरी बातचीत हुई, सारी बातें तय हो गई और 2-3 दिन में गाना बन के तैयार था। मेरे पहले गाने को छह महीने लग गए थे। मुझे लगा शायद ऐसे ही बनते होंगे। लेकिन इस बार मैं आश्चर्यचकित थी, इतनी जल्दी।

फिर मेरा 'म्यूजिक सीरीज' के साथ काम आगे बढ़ा। 'सुधीर' जी जो इस कंपनी के मालिक थे, वैसे ही मेरा साथ दे रहे थे जैसा मै चाह रही थी। इनकी टीम, रिया, श्रेया अवनीश, रचित, सत्यम, पुष्कर, अभिषेक सब एक से बढ़कर एक अच्छे इंसानो के रूप में मेरे साथ आए। बात पैसे की नहीं थी, पैसे तो हर जगह देने होते हैं। इन लोगों ने कभी भी मुझे ऐसा महसूस नहीं कराया की यह सब मेरे से ऊपर हैं, या इन सबकी मुझे जानकारी नहीं। सब ज़मीन से जुड़े इंसान थे। यहाँ मेरी जिन्दगी ने एक और मोड़ लिया। मुझे लग रहा था कि मेरे पास कुछ लिखा हुआ खास रह नहीं गया, वहीं मेरी लिखावट ने तेजी और गहराई पकड़ी। सुधीर जी ने मुझसे कहा आप कुछ भी लिखो, हम संगीत देंगे। पता नहीं क्या जादू था, वह सब लिखा गया जिसका मुझे इल्म तक न था। ऐसा लगा शायद इसका

मुझे इन्तेज़ार था। जिन शब्दों को सुनकर कुछ लोगों ने मेरा काम न लिया वहीं सुधीर जी मुझे लिखने के लिए आसमान दिया। शुक्रगुज़ार हूँ सुधीर जी की जिन्होंने उस शक्ति के लिखे शब्दों का सम्मान किया और अवनीश जी की जिन्होंने ने उसे संगीतबद्ध किया क्योंकि इंसान कभी इस काबिल न हो सकेगा कि बिना उस परमात्मा के किसी कला को जन्म दे सके या महारत हासिल कर सके।

जहां रितु जी मेडिटेशन' करा रही थी, वहीं लिखावट भी अच्छे से चल रही थी।

अब संगीत और हीलिंग साथ चल रहे थे। जहां मै ठीक हो रही थी वहीं संगीत ने भी रफ्तार पकड़ी। मेरे रूहानी सफर और रूहानी खुराक को और रफ्तार दी। लगातार गाने भी रिलीज हो रहे थे।

मेरा तो कभी कुछ था ही नहीं। मै ख़त्म हो रही थी क्योंकि लिखावट मेरी नहीं थी, संगीत मेरा न था बस जो था वह साथ था इन रूहों का जो मुझे सम्भाले हुए थे।

जिस स्त्री होने पर मेरी ईश्वर से शिकायत रहती थी हमेशा और अपने आप पर ही गुस्सा आता था, आज मैं उस स्त्री की सराहना करती हूं। ऐसा लगता है मानो, मैंने कई जन्म पुरुष हो

के बिताए हैं। ईश्वर की स्तुति तो की, लेकिन केवल शक्ति पाने के लिए। इस बार स्त्री रूप मे उतरी हूँ तो केवल उसके प्रेम भाव को महसूस करने के लिए, क्योंकि स्त्री हमेशा भाव प्रधान है।

जो मैंने महसूस किया कि, प्रेम भाव से ईश्वर को महसूस किया जा सकता है, शक्ति से नहीं।

मेरा कोई अस्तित्व नहीं, जो है उस शक्ति का है जिसने हमें इस दुनिया में भेजा। आज भी मुझे पता नहीं होता अगला पल क्या होगा। सब उसे सौंप दिया। जैसा चाहे चला ले।

अभी सफर जारी है, संगीत के साथ, लिखावट का, रूहानी इंसानो के साथ जो मुझे हमेशा ईश्वरीय भाव से ओत-प्रोत करते हैं।

कुछ भाव जिनसे मै इस जन्म गुजरी उनका थोड़ा सा सजदा शब्दों के रूप में

स्त्री

इंसानी यात्रा

भाव

प्रेम

कर्म

धर्म

स्त्री

⟡

स्त्री की तस्वीर जो इस जन्म मेरे सामने आई, मैं आश्चर्यचकित हो गई।

कुछ 1-2 साल पहले तक मुझे अफसोस था कि मैं एक स्त्री हूँ। शुरू से ही अपने को तराजू में देखा, रंग रूप, पैसा, कपड़े, व्यवहार को लेकर। वैसे मुझे कभी बंधन में नहीं रखा गया, लेकिन एक लड़की के रूप में जैसा सम्भाला जाना चाहिए, वैसे ही था। हाँ, स्त्री को पुरुष पर आश्रित देखा था। कभी कभी बातें जो मुझे सुनाई देती की पुरषों की बराबरी करनी है या उनसे आगे जाना है। रोती हुई, अपने दुःख बताते हुए, सिंगार करती हुई, शिकायतें करती हुई, पूरी तरह परिवार का ध्यान रखती हुई ऐसे ही स्त्री के रूप से मैं वाकिफ़ थी।

कुछ बदलाव आया मेरी सोच में शादी के बाद। जिनसे शादी हुई स्त्रियों को लेकर वह खुले विचारों वाले थे। उन्होंने मुझे किसी बंधन मे नहीं बांधा और पहली बार एहसास हुआ कि पुरुष स्त्री का कितने अच्छे से साथ दे सकता है। सिर्फ़ उस पर हुकुम नहीं चलाता।

इन सबके बाद भी मेरी भरपूर शिकायतें रहीं और मै ईश्वर से हमेशा यही कहती कि मुझे स्त्री बना के नहीं भेजना था। पता नहीं एक स्त्री के रूप में हमारे पास शिकायतों का भंडार होता है

यह मेरा अपना अनुभव है आपका अलग हो सकता है।

मेरी दिन रात की लड़ाई उस ईश्वर संग हो गई और सच पूछिये तो मुझे खुद पता नहीं था मुझे क्या चाहिए, बस हर वक़्त उलझती रहती।

फिर एक दिन आया जब साथ छुटा उनका, जिनके संग फेरे लिए थे जीवन की राह में आगे बढ़ने के लिए। अब सफ़र रुक सा गया। अब मै अकेली थी, और दुनिया भर की बातें, जो मुझे इस दुनिया में बिना पुरुष के कैसे जीना है बता रही थी। अब एक स्त्री को किसी पुरुष पर आश्रित नहीं होना था।

लेकिन क्या एक साथ के बिना इस जग में जीया जा सकता है। जीने की क्या कला, पता नहीं है। पति के जाने के बाद लगा कि, एक विधवा होना भी श्राप है दुनिया की नजर में। और ताज्जुब यह था कि यह भी भाव स्त्रीयों से ही मिल रहे थे। जहां पुरुषों ने कोई प्रतिक्रिया नहीं दी वहीं स्त्रियों की प्रतिक्रियाओं में कमी न थी।

स्त्रियों ने स्त्री को बहुत अच्छे से बतला दिया था कि शायद आज भी एक विधवा स्त्री मनहूसियत की निशानी है। यहां तक की लोग घर बुलाने और मिलने से कतराने लगे। मै सब देख रही, सब की खोखली प्यार से चुपड़ी हुई बातें समझ आ रही थी। लेकिन खुद में ही इतना उलझ गई कि सिवाय रोने के और भर भर के ईश्वर से शिकायत करने के अलावा कोई काम न रह गया था।

फिर मै अपने हिसाब से सही थी कि स्त्री हमेशा शिकायती है। मै अपने ही शिकायती दलदल में डूब गई।

फिर तो जो हुआ उसका तो इस जन्म कोई ख्वाब ही न था। मै थोड़ा बहुत लिख रही थी, लेकिन अकेले होने के बाद मेरी लिखावट में थोड़ा बदलाव आया। मुझे होश नहीं था, मैं बस लिखे जा रही थी, क्या मकसद था, पता नहीं।

कुछ महीनों बाद जब मेरी पहली किताब आयी' मिड़ुआ तब

यह एहसास हुआ कि उस शक्ति ने मुझे थाम लिया है। जो भी लिखा जा रहा था मेरी अपनी सोच थी ही नहीं। एक स्त्री जो इतनी शिकायत से भरी थी, वह शांत कैसे हो गई।

समय बीता और पहली बार स्त्री होने के भ्रम का आवरण उतरा। पहली बार अपने स्त्री होने पर सुखद महसूस कर रही थी।

और सबसे ज्यादा खुशी थी कि अब मै पुरुष नहीं होना चाहती थी।

धीरे धीरे सोच में बदलाव आया और समझ आया कि स्त्री हो के इस धरती पर आना, अपने में कुछ अलग भाव समेटे हुए है।

स्त्री उस शक्ति की भाव प्रधान कृति है। वह बहुत जल्दी भाव में उतरती है। दुःख हो या सुख वह दिल की गहराइयों से महसूस करती है। कहते हैं पुरुष रोते नहीं, पर सच्चाई यह है कि पुरुष जो भाव अपने अंदर समेट लेते हैं बिना अपने

चेहरे पर दिखाए। वहीं स्त्री भाव में बह जाती है। भाव में बही स्त्री को पुरुष को ही संभालना होता है। पुरुष के पैदा होते ही जिम्मेदारियों का बोझ उस पर लाद दिया जाता है।

अब वक़्त में थोड़ी तब्दीली आयी है और थोड़ी जिम्मेदारियां स्त्रियों ने भी संभाल ली है।

शायद पहली बार मुझे समझ में आया कि मैं स्त्री देह में क्यों हूँ।

मुझे ऐसा महसूस हुआ कि कई जन्म पुरुष के रूप मे होते हुए मुझे वह भाव नहीं मिले जिससे मैं उस शक्ति को इंसानी रूप में महसूस कर सकूँ।

पुरुष शक्ति प्रधान है। मुझे ऐसा लगने लगा कि पुरुष हो के मैने शक्तियां तो पायीं पर उसे महसुस करने में पीछे रह गई। उसके निश्छल प्रेम को एक बच्चे की भांति महसूस करना चाहती थी शायद इसीलिए मुझे स्त्री देह में आना पड़ा।

अब जीवन में जितनी शिकायतें और दुख थे, उनको लेकर मैं शांत होने लगी। अब लगने लगा कि अगर मेरे पास दुःख और शिकायतों का भंडार न होता, ग़र मैं अपने में न उलझती,

पल पल मैं अपने भावों में बहती न, तो शायद आज मैं यह सब न समझ पाती। ब्रह्मांडीय शक्ति फिर मुझे कैसे संभालती।

आज जीवन के इस मोड़ पर मैं एक स्त्री के रूप में संतुष्ट हूं और मैंने उस शक्ति के निश्छल प्रेम को सृष्टि के जीवों के रूप मे महसुस किया। स्त्री रूप मे हम बहुत जल्दी बहाव में बह जाते हैं।

मुझसे बार बार कहा जाता कि मै बह जाती हूं, मुझे अपने को संभालना चाहिए। मैं बहुत अच्छे से सब जान रही थी कि बहुत जल्दी बह जाती हूँ, अपने को हर बार हर तरह से रोकने की कोशिश भी करती रही, पर सब नाकाम। मैं आज भी अपने स्त्री भाव से अलग नहीं हो पा रही। इन सब में एक बात खुलकर सामने आयी कि हम आज भी कठपुतली है। हमारी बागडोर स्त्री हो या पुरुष उसी के हाथ है। जैसा चाहेगा नचायेगा। जिस दिन मैं बहने के भाव को थाम लुंगी उस दिन मैं उस दिन उस शक्ति के निश्छल प्रेम से वंचित हो जाऊँगी।

जब उसका प्रेम पंख पसारता है तो हमें और कहीं देखने नहीं देता। स्त्री के रूप में ही हम अपने आप को पूरी तरह उसे समर्पित कर पाते हैं। जब हम पूरी तरह उसे सौंप देते हैं, तो

फिर चाहे वह हमे प्रेम दे, वियोग दे, हर भाव वह खुद मे समेट लेता है।

समझ आज भी नहीं है लेकिन एक भाव जो मेरे हाथ लगा, वह यह कि सृष्टि में स्त्री पुरुष की लड़ाई है ही नहीं। दोनों सृष्टि के लिए जरूरी हैं। दोनों में से जो भी इस प्रेम राह में उतरेगा उसके साथ कई अदृश्य शक्तियां भी जुड़ेगीं।

जब हम देह में होते हैं तो चाहे स्त्री की हो या पुरुष की हम उतने सयाने नहीं होते की अपने जीवन का सार समझ पायें। यह अदृश्य शक्तियां हमारा साथ देती हैं और चाहतीं हैं कि हम अपने गंतव्य तक पहुंच सकें, और जिस कारण यह जन्म हुआ वह कार्य पूरा कर सकें।

आज मैं स्त्री के रूप में सब का धन्यवाद करती हूँ जो मेरे साथ इस धरती के जीवों के रूप मे रहे और उन अदृश्य शक्तियों का जो हर पल मेरे कार्य को पूरा करने मे सहायता कर रहीं थीं।

भाव में बहना मेरा यानि एक स्त्री का स्वभाव था पर उस भाव को आदर और सम्मान के साथ सब ने सफल बनाया। जिस समय कर्मों ने मेरा हिसाब लेना शुरू किया उस समय जिस रूह ने मुझे सम्भालने का काम लिया था वह थे मेरे पति। बहुत

सहजता से उन्होंने मुझे मेरे कर्मों को काटने में मेरी हर सम्भव मदद की। शुक्रगुज़ार हूँ। यह मेरे साथ नहीं हर उस इंसान के साथ होता है जो अपने कर्मों के भरे हुए घड़े को तोड़ कर सिर्फ़ उसके हिसाब से चलने का प्रण करता है।

पूरी सृष्टि ने बिना किसी आंच के, मेरे स्त्रीत्व को संभालते हुए मुझे पूरी तरह से इस सफ़र के काबिल बनाया।

सफ़र जारी है........

इंसानी यात्रा

इंसान/ रूह या वायु/

जीवन यात्रा का ध्येय मेरे लिए समझ पाना कठिन है। जिस सफ़र से मैं गुजरी या गुजर रहीं हूँ उस सफर में, मैं अपने आप को न पूरी तरह इंसान मान पा रहीं हूँ, न रूह या वायु।

जब हम दुनिया मे उतरते हैं तो हमारा संबंध शक्ति से टूट जाता है और हम देह के पिंजरे में बंद हो जाते हैं। पढ़ा यही है कि देह पांच तत्वों की बनी है और रूह इस देह में है।

मैं ज़्यादा तो नही समझ पाई बस इस जन्म ये लगा कि मैं और देह अलग है। वेद ग्रंथों, पूजा पाठ जो भी इस दुनिया मे है, वह सब सही है। यह सब सीढ़ियों के समान है, एक एक कर के

हमें चढ़ना है, जो हमें, हमारे उद्गम स्थान तक पहुंचने में हमारी मदद करते हैं।

अगर देखा जाए तो हम मर कर वापस वहीं पहुँच जाते हैं जहां से आए हैं। बचपन से ऐसा ही सुना है। फिर ईश्वर को पाने के लिए इतनी जद्दोजहद क्यों जीवन में? क्यों एक स्त्री हो के उसे प्रेम में पाने की ख़्वाहिश, क्यों उसे हर पल याद करना, क्यों हर जगह उसका वास देखना?

मुझे नहीं पता यह विचार क्यों आया मुझे। पर इसके हिसाब से जब हम देह में नहीं होते तो भाव विरक्त हो जाते हैं। हम किसी भी भाव को महसूस नहीं कर सकते।

जब हम देह धारण करते है तो भावों से भर दिए जाते हैं। इस देह में आने के कारण हम दुनिया के ज़र्रे ज़र्रे को महसूस कर सकते हैं, इस सृष्टि को आंखें भर देख सकते हैं, वाणी से तारीफ कर सकते हैं। पदार्थों का सेवन कर सकते हैं, भोजन का स्वाद ले सकते हैं, जीवों से मोह कर सकते हैं। हम उसके हर भाव में उतरना चाहते हैं।

हम जन्म लेते ही रहते हैं। अगर हम एक जन्म गरीबी से गुजरे हैं तो हमें अमीरी का भी जन्म मिलेगा। भूखा होगा तो

रजेगा भी, कुरूप है तो सुन्दर भी होगा। परम शक्ति हमे हर दौर से गुजारती है। ब्रह्मांडीय शक्ति हमें हर तरीके से चेतन रूप में लाना चाहती है।

जिस तरह पृथ्वी पर जन्म देने वाले माता पिता हमें विधालय भेजते हैं, और हमे आने वाले जीवन के लिए तैयार करते हैं। हमें अलग अलग विषयों का ज्ञान दिया जाता है। कुछ पढ़ कर, कुछ के अनुभवों से गुजर कर हम जीवन की नौका में बैठ जाते हैं। अगर हम विधालय जा के कुछ पढ़ाई लिखाई न करें और केवल एक ही कक्षा में बैठे रहें और माता पिता को याद करते रहें तो बताइए क्या होगा। यह सोचना आपका काम।

ऐसे ही परमात्मा हमारा एक जन्म एक कक्षा के रूप में मानता है और इसलिए हम कई जन्म अलग अलग जीवों के रूप मे जन्म लेते हैं। हमारें कर्मों के हिसाब से, अलग अलग जन्म देकर कोशिश करता है कि हमें चेतन अवस्था के और नजदीक ले के जा सके।

सिर्फ़ एक जन्म में हम इस भंवर से नहीं निकल सकते। हमें हर भाव की अति से गुजरना होता है, तभी हम उस भाव से विमुख हो कर दूसरे भाव में प्रवेश कर सकते हैं।

एक और विचार कौंध गया जब रूह की बात हुई। पांच तत्वों से बना जो शरीर है, उसमे से वायु अगर निकल जाती है तो शरीर निर्जीव हो जाता है। अगर रूह अलग होती तो शरीर किसी न किसी रूप में जिंदा होना चाहिए क्योंकि रूह या आत्मा को हम परम चेतन शक्ति का हिस्सा मानते हैं।

वायु का साथ छूटने से रूह, आत्मा प्राण सब ख़त्म, इसका मतलब वायु, रूह आत्मा, रोशनी, लौ प्राण सब एक ही हैं।

मैं मंदबुद्धि इंसान यहाँ किसी को कोई शिक्षा देने के लिए नहीं हूँ, और न ही मैं कभी दे पाऊँगी। बस जो महसूस किया वह लिखवा लिया गया।

मेरे इस जीवन की यात्रा में कौतुहल होते रहे जिसके अनुभवों से गुज़रते हुए उस अदृश्य शक्ति का एहसास बना रहा।

मै औरों की तरह अपने को एक स्त्री के रूप में संवार तो नही पायी, हा कुछ पाया, जिसकी चाहत मुझे थी।

क्या पाना था, क्या पाया, अभी भी ज़्यादा पता नही।

ये सारा करम उस परम शक्ति का है। सोच भी उसकी, लिखावट भी उसकी, ये देह भी उसकी। मैं आज भी ठहराव

में नहीं हूँ। आज भी पल पल गिरती हूँ, अपनी सोच से, अपने भावों से। जहां जिस भाव में उतारता है, उतर जाती हूँ, बिना सोचे समझे।

इस जीवन इतना समझ पायी हूँ कि सारी जिंदगी अपने को संभालते हुए भी मै सम्भल नही पायी। अतः अपने आप को उसे सौंप देना बेहतर समझा और सच पूछिये तो मैं अपने आप को सौंप भी नहीं पायी, वह भी उसने खुदी मुझे ले लिया।

आभारी हूँ, कृतार्थ हूँ और शायद शब्दों में उसकी स्तुति कभी समा नहीं पाएगी।

यात्रा शेष है........

भाव

❖

"भोले भाव मिले रघुराई"

कभी यह वाक्य सुना था। इसको सुनने के बाद यही लगा कि जिसमें बेईमानी न हो उसको ईश्वर मिलता है। जिस तरह मैंने बचपन से ईश्वर को माना, तो यही लगता था पूजा पाठ दिन रात करो तो एक इंसान के रूप में मिलेगा। एक चमत्कार का इंतजार था या यूं कहें दुनिया के मालिक का इंतजार था। हम इंसानी सोच रखने वाले हमेशा ऊंचे पद वाले लोगों से मिलना चाहते हैं। ऐसे लोग जो हमारी ख्वाईश को पूरा कर सकें। जब हम चाहे, जो चाहे हमें मिल जाए और इसीलिए हम सारी जिंदगी भिखारी रूप में रहते हैं।

जो बचपन से ईश्वर को पाने का सीखा था और जो आज महसूस करती हूँ, दोनों बिल्कुल अलग हैं

सब के अपने अनुभव है। पहली बात य़ह समझ आयी कि जब उसका कोई आकार प्रकार, रंग, रूप नहीं तो हम उसे कैसे पा सकते हैं। सारी जिंदगी कई सारे सवालों में घिरी रही। सब उतार चढ़ाव से गुज़रते हुए एक सिरे ने मेरी बाँह पकड़ ली और वह सिरा था भाव का। सुना था भाव सच्चा होना चाहिए पर कैसे यह न पता था। धीरे-धीरे ईश्वरीय भाव का मतलब समझ आया कि जब हम दुःख और सुख एक माने और बिना किसी प्रतिक्रिया के हम सुख दुख भोगे।

लिखना पढ़ना आसान पर गुजरना मुश्किल। कैसे हम सब होता हुआ देखते रहें।

भाव हमेशा मन से होता है और बहता है और बुद्धी जड़ होती है हमेशा तराजू लिए खड़ी रहती है। जो मन के भावों से जुड़ता है वह रिश्ते निभाने में माहिर होता है लेकिन जो बुद्धी से जुड़ता है उसके लिए रिश्ते हमेशा व्यापार का रूप लिए रहते हैं।

हमेशा लोगों को कहते सुना है बना के रखो कभी काम आएगा। मैं इसको 'टच थ्योरी' कहती हूँ क्योंकि लोग कहते हैं, 'टच' बना के रखो। मुझे यह बात समझ ही नही आयी। जब रिश्ते बनाने या निभाने है तो मन के भावों से जुड़ो, रिश्तों में

प्यार चाहिए, व्यापार नही। व्यापार के लिए बुद्धी लगाइए और जी भर लगाइए। बुद्धी से इंसान, इंसान की व्यथा कहाँ समझ पाता हैं। जो मन के भाव से जुड़ेगा वह इंसान हमेशा फायदे में रहेगा, चाहे दुनिया कितना भी धोखा करे, क्योंकि मन का भाव उसे हमेशा उस परम शक्ति से जोड़ेगा।

अवसाद भी एक भाव का रूप जिससे लोग गुजरता है और मैं भी गुजरी। कुछ भी हमारे मन का न हो और हम हताश हो जाए, तो यह अवसाद का रूप कहलाता है।

जितना मैं इसे समझ पायी, इस भाव में, हम इस धरती पर तो देह के रूप में होते हैं, मानसिक रूप से हम ब्रह्मांड में होते हैं। देह में होने के कारण, आम इंसान की तरह जिंदगी गुजार सकते हैं, लेकिन अवसाद में होने के कारण हमें यह दुनिया स्वप्न लगती है, हम इस देह को छोड़ना चाहते हैं और वापस लौटना चाहते हैं।

दुनिया के हिसाब से यह एक बीमारी है, लेकिन मुझे ये लगा कि हम इस भाव या अवस्था में इसलिए होते हैं ताकि हम सिर्फ अपने साथ समय बीता सके। हमारे द्वारा किए गए कर्म इतने भारी होते हैं कि हम चाह के भी इस दुनिया मे आने के बाद इंसानी होश में नहीं रहते। हम अवसाद में उन्हीं दौरों

से गुज़रते हैं जिनसे हमने लोगों को गुजारा होता है अपने पिछले जन्मों में। अवसाद हमें हमारे ही गुनाहों से परिचित करवाता है।

मुझे अवसाद के भाव में भूत प्रेतों से डर लगता था लेकिन जब थोड़ा समझ आया तो पाया ये सब वही आत्मायें है जिनको मैंने किसी जन्म में परेशान किया था।

अब जा के मै शायद अवसाद के भाव को और उसके प्रेम रूपी निश्छल भाव को समझ पायी हूँ।

ऐसे ही मै एक और भाव से गुजरी, और वो भाव था रेखा जी का। उनको मैंने पूरी तरह से एक स्त्रीत्व के भाव में देखा। प्यार से ओतप्रोत, सबका ध्यान रखने वालीं, जब भी मिली हमेशा सुखद अनुभव रहा। ऐसा नहीं कि वह दुःखों से नहीं गुजरी होंगी, लेकिन इन सब के बाद भी अपने आपको सम्भाल के रखना, एक स्त्री का सबसे उच्चतम भाव होता है। विचलित न होते हुए हर बहाव में, मैंने उन्हें बहते हुए देखा है। यह होता है इक स्त्री का स्त्री हो जाना, प्रेम से परिपूर्ण।

किसी के झुकने का भाव आप को और झुकाव की तरफ ले जाता है। अकड़ या घमंड से झुकाव कभी आ ही नहीं सकता।

भाव इक नदी के समान है जैसा मिलेगा वैसा ही विस्तार होगा।

दुनिया में जितने भी वेद ग्रंथ हैं, अगर मैं किसी एक धर्म या किसी एक ग्रंथ के भाव में हूँ तो कभी भी उस परम शक्ति के भाव में नहीं हूँ। जब मेरा भाव सब धर्मों के लिए और सब ग्रंथो के लिए और सृष्टि में ज़र्रे ज़र्रे के लिए एक सा होगा तभी सही मायने में मेरा प्रेम भाव होगा जो उस परम शक्ति को कबूल होगा।

भाव ऐसा मन मे भरे कि समझ ही न आये क्या चाहिए, कुछ चाहिए भी या नहीं। बस बैठ गए हैं तेरी गोद में। सब अच्छा है और बहुत अच्छा है, अब कोई मांग नहीं। सब तुझे संभालना है।

अगर मै सृष्टि को विभाजित करती हूँ तो खुद भी विभाजित होती हूं। समर्पण हो तो पूरा हो। विश्वास हो तो अंधा हो। प्रेम हो तो पूरी तरह नतमस्तकता के साथ हो।

भाव रहित स्त्री हमेशा खोखली रहेगी। वह अपने आप को कभी जी नहीं पाएगी। स्त्री होने पर मान करिए कि आप इस सृष्टि को कितना खूबसूरत बना सकती हैं।

जितने भाव हमारे पास हैं उससे कई गुना ज्यादा प्रचंड रूप मे उसके पास हैं। हम जिस भाव में भी अपने को रंगना चाहेंगे, वह शक्ति पूरी तरह से उसी भाव में सराबोर करेगी।

"भाव स्त्री का गहना है"

फैसला आपका.......

प्रेम

बहुत सुना है प्रेमी जोड़ियों के बारे में। बहुत नाम है जो प्रेम में अलग हो गए, एक दूसरे के साथ जीवन नहीं बिता पाए।

क्या अगर ये विवाह के बंधन में बंध जाते तो क्या वैसा ही प्रेम रह पाता। नहीं रह पाता क्योंकि जिसका नाम ही बंधन हो 'विवाह बंधन' उसमें प्रेम कहाँ। वहाँ जिम्मेदारियां और जरूरतें जन्म ले लेती हैं।

प्रेम में बंधन होता ही नहीं। पति पत्नी एक कर्मों का भी बन्धन है। साथ है पर शिकायतें भी है और य़ह बढ़ती ही रहती हैं।

प्रेम का एक रिश्ता जो सही मायने में इस दुनिया.में सुनने और देखने को मिला, वह है माँ बेटे का रिश्ता।

ज्यादातर लोग इस बात से सहमत होंगे। प्रेम ऐसा जिसमें कुछ न बोला जाए दोनों तरफ से और तब भी एक दूसरे का खयाल जी भर के।

जो लोग जिस्मानी प्रेम को प्रेम मानते हैं वह प्रेम नही .वह तो दिखावटी प्रेम है। आपने देखा, समझा। किसी ने सूरत देख ली, किसी ने सीरत। लेकिन माँ बेटे के प्रेम कुछ नहीं है सिवाय प्रेम के। हर चीज दिखावे से परे।

जहां तक में प्रेम को समझ पायी हूँ, जिस्मानी प्रेम तो प्रेम कभी था ही नहीं। वह भ्रम है, या यूं कह ले कि सृष्टि को आगे बढ़ाने का प्रेम छल।

माँ को कभी भी बेटे के लिए अपने प्रेम को कम करते हुए नहीं पाया, इसमें हमेशा बढ़त रही पहले माँ आगे होती है प्रेम के भंडार के साथ और जब मां बुढ़ी हो जाती है तो बेटा ये बढ़त आगे बढ़ा लेता है। इस प्रेम में कोई छल नहीं।

प्रेम की सुंदरता जो माँ अपने बेटे को देती है बिना कोई स्वार्थ के। जिस्मों से प्रेम कभी गहरा नहीं उतरता, क्योंकि जहां जिस्म मिले प्रेम ख़त्म। प्रेम हमेशा मन से गहराई पाता है। जिस्मों से प्रेम बूढ़ा हो जाता है, मन से हमेशा ताजा।

पति पत्नी, प्रेमी प्रेमिका के प्रेम में बंधन। दोनों एक दूसरे को बांधते हैं। वहीं माँ बेटे का प्रेम स्वतंत्र, कोई सवाल जवाब नहीं।

माँ बेटे का प्रेम मन का प्रेम हमेशा ताजा।

अपवाद हो सकतें हैं।

कर्म

सब जानते हैं कर्म क्या है। कर्म किसी के साथ शुरू हुआ या ख़त्म पता नहीं चलता।

अगर इंसानी होश की बात करूँ तो बहुत सारी ऐसी चीजें थी जीवन के खेल में जिनसे मुझे नफरत थी और मै गलत मानती थी, जिसमें एक नफरत थी उनके लिए जो अपनी जिंदगी को पन्नों में उतारते थे। मैं यही सोचती थी क्यों दुनिया को बताना।

पति के जाने के बाद जो उस परम शक्ति ने अपनी चादर मुझ पर डाली तो कुछ होश न रहा। फिर उन रास्तों से गुजरी जिनके बातों के लिए दिल मे नफ़रत भरी पड़ी थी क्या लिखा, क्यों लिखा, क्यों संगीत में पिरोया पता नहीं। बस इतना पता

था कि वह परम शक्ति ने मेरी नफ़रतों के बाजार में ही मुझे बिठा दिया।

"बचते रहे जिन नफरतों के बाजार से हम
वहीं बैठ खुद को बिकवाया"

जब हम किसे के मन को चोट पहुंचाते हैं और उस चोट से हमें रत्ती भर अफसोस नहीं होता तब उसके साथ कर्म की शुरुआत होती है और जब किसी का मन दुखी करते हुए खुद का मन दुःखी हो जाए तो उसके साथ कर्म बंधन का खात्मा होता है।

धर्म

मेरे लिए एक धर्म है श्मशान। वज़ह, जब पैदा होते है तो कोई होश नहीं होता दुनिया का। लेकिन जैसे जैसे जिंदगी आगे बढ़ती है तो ईश्वर और मौत दो ऐसी हक़ीक़त जिसमें से एक अदृश्य है लेकिन हमारा विश्वास उसके होने पर है। धर्म स्थान हैं, मन से जाते हैं, पर मांगे पूरी करने के लिए। दूसरा मौत, जिसकी जगह तो दिखाइ देती है श्मशान के रूप मे लेकिन हम जीवन भर अनदेखा करते रहते हैं। बिना मन के आना पड़ता है, हमारा जीना हर पल ऐसा होता कि श्मशान तो है ही नहीं।

जिस दिन मौत की होश रहेगी, ईश्वर की करनी नहीं पड़ेगी।

ईश्वर की होश तो हम अपनी स्वार्थपूर्ति के लिए ही करते। उसे कोई नहीं पूजता। सब के पास मांगने के लिए अनंत मांगे हैं।

जिस दिन ईश्वर मांग पूरी करना बंद कर देगा, धर्म स्थान ख़त्म हो जाएंगे।

दुनिया के हर धर्म के इंसान को इस शाश्वत धर्म से गुजरना है।

जब तक गर्भ है, शमशान रहेगा.....

कृष्ण स्तुति

भावना कहे पतित उघारे

आ मिल जा मोहे मोहन प्यारे

चैन दिवस जो आवे है

कई अंधियार जगावे है

मिली है जो मानुष देही

अंत प्रकट करावे है

कोटन पाप बघारे है

मूढ़मति जो कहावे है

अबकी बार न कोणों जाने

ऐ पतवार पार लंघावे है

गीता का सो सार है जाने

अर्धरात्रि बतावे है

कैसे बैठा मानुष कि

होए हमरा सब पावे है

रोम रोम एह जान गयो

कृष्णा कोटि बतावे है

जो मानुष इक होन को

अपना सब त्यागे है

ले धर पाँव आपना

बांह पकड़ फिर आवत है

छोर दुनिया के कारज नामा

अपना नाम जपाबे है

भूल परी जो जन्मा की

सब खुदे समझावे है

इक बिश्वास भागीरथ का

गंगा पार लघावे है

अब जो कृपा किजो है

हुई दर्शन मन लिजो है

प्रेम पराकाष्ठा तभी तुम जानो

जब प्रेम को प्रेम पहचानो

सुविधा का तुम करो बसारा

काल का जानो एह भ्रम सारा

अबकी बार जो एह तुम आयो

सच मानयों, है हमे धियायों

अबकी बार होए निबटारा

किजो दर्शन तुम एह पसारा

Smoby